Susanne Klug

Die KinderKüche

Mosaik bei
GOLDMANN

Inhalt

Inhalt

● **Eier** 14
Frühstücksei 17
Ei im Glas mit Käse und Tomate 17
Spiegeleier 18
Spiegeleier mit Dip 19
Rührei 22
Kräuterrührei 23
Käse-Speck-Omelett 27
Pfannkuchen mit
Lachs-Frischkäse 28

● **Salat** 30
Grüner Salat 33
Gurkensalat 36
Tomatensalat 39
Bunter Salat 41
Karotten-Apfel-Salat 44
Feldsalat mit Orangendressing 47
Saucen – Vinaigrette 48
Saucen – Joghurt-süß 49

● **Suppen** 50
Gemüsebrühe 54
Nudelsuppe 57
Hühnersuppe 57
Pfannkuchensuppe 58
Grießnockerlsuppe 59
Tomatensuppe mit
Basilikumsahne 62
Kürbissuppe 65

● **Kartoffeln** 68
Kartoffelbrei 72
Bratkartoffeln 73
Kartoffelsalat 76, 77

Pommes mit Ketchup 82
Ofenkartoffeln mit
Kräuterquark, Mais, Speck
oder Räucherlachs 84, 85

● **Gemüse** 86
Bruschetta 88
Gemüsespieße 91
Kürbispuffer 96
Gefülltes Gemüse 99
Gemüsekuchen 100

● **Nudeln** 102
Tomatensauce 1 106
Tomatensauce 2 109
Spaghetti Bolognese 110
Schinkennudeln 117
Lasagne 118

● **Fleisch** 122
Wiener Schnitzel 124
Fleischpflanzerl 127
Fleischbällchen in
Tomatensauce 128
Hühnerschenkel 131
Putengeschnetzeltes mit Reis 134

● **Süßes** 136
Erdbeermilch mit Butterbrot 139
Obstsalat 140
Apple Crumble 145
Schokomousse 148
Erdbeertiramisu 151
Beerenpfannkuchen 152

Sophie, Lilly, Lea, Pola, Anna, Lea, Johanna, Olivia, Rosa, Luzie, Jackie, Jojo, Pablo, Nicolas, Corvin, Leander, Philemon, Leon, Daniel, Marius, Jonas, Jonathan und Ferdinand

Das sind wir – die Kinder aus der KinderKüche!

Kochen macht Spaß!

Na klar! Und deshalb gibt es auch die KinderKüche. Denn nichts ist schöner, als gemeinsam in der Küche zu stehen, zu schnippeln, zu rühren und quirlen, zu braten und brutzeln und natürlich ganz viel zu probieren.

Und weil die Kinder und ich so einen Riesenspaß daran haben, gibt's jetzt endlich das Kinder-Küchen-Kochbuch.

All die leckeren Rezepte in diesem Buch habe ich mit vielen, vielen kleinen Küchenchefs und Küchenfeen in der Kinder-Küche ausgesucht. Wir haben sie gemeinsam gekocht und einstimmig festgestellt: Das sind unsere absoluten Lieblingsgerichte. **Und das Beste daran: Du kannst jedes, wirklich jedes Gericht aus diesem Kochbuch ganz alleine zubereiten.**

Das bin ich: Susanne Klug

Manche Dinge brauchen ein bisschen Übung, das ist klar, aber je öfter du kochst, desto einfacher wird es für dich. Trau dich ruhig alle Rezepte auszuprobieren und koche mit viel Fantasie, du wirst sehen, das kann nur schmecken!

Wenn du eine Zutat lieber magst als die andere, dann verwende ruhig etwas mehr davon, und wenn dir eine gar nicht schmeckt, dann lass sie einfach weg. In den Rezepten stehen deshalb auch keine ganz genauen Mengenangaben in Gramm, sondern Angaben wie 1 Klecks oder 1 Schuss oder 1 Hand voll.

Wenn du dir mal mit etwas nicht ganz sicher bist, dann frag lieber deine Eltern oder großen Geschwister, wie es geht.

Und wenn du zu Hause das erste Mal am heißen Herd oder Backofen kochst, lass dir noch mal alles erklären und vielleicht auch ein bisschen helfen, damit nichts passiert. Oder du kommst einfach einmal zu mir in die KinderKüche und wir kochen gemeinsam mit vielen anderen Kindern dein Lieblingsgericht!

Und jetzt kann es auch schon losgehen: Nur noch Schürze umbinden, Hände waschen, Zutaten und Küchenhelfer raussuchen und ... ganz viel Spaß beim Kochen wünscht dir deine

Susanne Klug

Neben den Rezepten findest du immer einen kleinen Einkaufswagen. Daneben stehen die Zutaten, die du für das Rezept brauchst.

Und darunter ist der Topf zu sehen. Daneben sind all die Küchenhelfer aufgelistet, die du zum Kochen brauchst.

Bei den einzelnen Kapiteln gibt es immer eine Tipps & Tricks-Seite, auf der die wichtigsten Schritte, Techniken und Handgriffe erklärt werden, sodass nichts mehr schief gehen kann.

Wir kochen mit dir, aber vorher geht's zum Einkaufen!

»Hey Jackie, das Fleisch kaufen wir immer beim Bio-Bauern oder -Metzger, **denn da weiß ich, dass die Tiere artgerecht gehalten werden** und nicht in enge Käfige eingesperrt sind.«

»Bio-Fleisch, -Obst und -Gemüse **schmeckt mir eh am allerbesten!**«

»Außerdem packe ich nur Gemüse und Obst in meinen Korb, das gerade Saison hat, **dann ist es frisch geerntet** und schmeckt am besten.«

Eieiei

Eier sind toll! Sie schmecken in fluffigen Pfannkuchen, in knusprigen Gemüsetörtchen und natürlich in der besten Lasagne der Welt. Hier geht's auch gleich los: Eier aufschlagen, trennen und zu festem Eischnee schlagen … und viele tolle Rezepte.

Das Frühstücks-Ei

Für 1 kleinen Esser:

 1 Ei

 1 kleiner Topf
1 Eierpikser
1 Kochlöffel

1. Stelle einen kleinen Topf mit Wasser auf den Herd und bringe das Wasser zum Kochen. Das Ei mit dem Eierpikser vorsichtig anpiksen.

2. Wenn das Wasser kocht, lege das Ei vorsichtig mit dem Löffel ins Wasser. Wenn du das Ei noch etwas weich essen möchtest, dann hole es nach ungefähr 4-5 Minuten mit dem Löffel aus dem Topf, nach 8-10 Minuten ist das Ei hart gekocht.

3. Damit du das Ei besser schälen kannst, halte es noch kurz mit dem Löffel unter kaltes Wasser, dann geht die Schale leichter ab. Jetzt nur noch pellen oder köpfen, ganz wie du willst, etwas Salz auf das Ei streuen und eine dicke Scheibe Butterbrot dazu – **ganz einfach und so lecker!**

Ei im Glas mit Käse und Tomate

Für 1 kleinen Esser:

 1 Ei
1/4 Fetakäse
1 Tomate
Salz und Pfeffer

 1 Eierpikser
1 kleiner Topf
1 langer Kochlöffel
1 kleines Messer
1 Schneidebrett
1 kleines Glas

1. Koche das Ei genauso wie ein Frühstücks-Ei. Während das Ei kocht, schneide den Fetakäse und die Tomate in kleine Würfelchen und vermische beides in dem Glas.

2. Wenn das Ei fertig ist, nimm es mit dem Löffel vorsichtig aus dem Topf und halte es kurz unter kaltes Wasser.

3. Pelle die Schale ab und vermische das Ei mit dem Käse und der Tomate im Glas. Etwas salzen und pfeffern, **und schon hast du ein tolles kleines Frühstück.**

Spiegeleier, die Brutzligen

Ein Spiegelei zu braten ist wirklich nicht schwer. Und es ist egal, ob das Eigelb mitten im Eiweiß landet oder ob es kaputtgeht, wenn du es in die Pfanne haust – schmecken tut es so oder so.

Für 3 kleine Esser:

1 Klecks Butter
Eier – so viele du willst
Salz und Pfeffer

1 beschichtete Pfanne
1 Pfannenwender aus Holz

1. Stelle die Pfanne auf den Herd. Die Butter bei mittlerer Hitze in der Pfanne schmelzen lassen.

2. Wenn die Butter schon ein bisschen vor sich hin brutzelt, schlage die Eier in die Pfanne, eins nach dem anderen. Das nächste Ei neben dem ersten braten, und wenn du willst, auch noch ein drittes oder viertes.

3. Wenn die Spiegeleier am Rand schon knusprig braun werden, würze sie mit Salz und Pfeffer. Ein Ei nach dem anderen mit dem Pfannenwender aus der Pfanne heben und auf einen Teller legen.

4. Etwas frisch geschnittener Schnittlauch sieht nicht nur schön auf den Spiegeleiern aus, sondern schmeckt auch noch lecker.

So sehen Spiegeleier aus!

Spiegeleier mit Dip

 1 Spiegelei
1 dicke Scheibe Brot

Bei diesem Gericht wird das Eigelb zermatscht, und zwar mit einer dicken Scheibe Brot, die du vorher in derselben Pfanne, in der das Spiegelei gebrutzelt hat, von jeder Seite kurz knusprig anröstest.

Nimm das Brot aus der Pfanne heraus und schneide es in 3 dicke Streifen.
Jetzt einfach die Brotstreifen in das Eigelb dippen, das schmeckt richtig gut!

Tipps und Tricks

Ei aufschlagen – zack – ganz einfach

1. Nimm das Ei und schlage es am Schüsselrand auf, sodass ein Riss entsteht.

2. Lege beide Daumen an den Riss und ziehe die Hälften vorsichtig auseinander.

3. Das Ei fällt von ganz alleine in die Schüssel. Kleine Schalen mit einer Gabel herausfischen.

Eier trennen – das macht Spaß

1. Nimm zwei Schüsseln. Schlage das Ei an einer Schüssel auf, sodass ein dicker Riss entsteht.

2. Drehe das Ei mit dem Riss nach oben. Nimm das Ei in beide Hände und ziehe die Hälften mit den Daumen vorsichtig auseinander.

3. Schubse das Eigelb von einer Hälfte in die andere, bis das ganze Eiweiß in die Schüssel geflossen ist.

Eiweiß steif schlagen – bis es an der Schüssel klebt

1. Trenne so viele Eier, wie du brauchst, in 2 Schüsseln.

2. Schlage das Eiweiß mit dem Handrührgerät so lange, bis es schön weiß und fest ist.

3. Drehe die Schüssel langsam um: Wenn das Eiweiß steif ist, klebt es an der Schüssel.

Eier verquirlen – bis es schäumt

1. Für ein luftiges Rührei nimm dir 2 Eier und schlage sie in eine Schüssel.

2. Verquirle die Eier in der Schüssel. Am besten geht das mit einer Gabel.

3. Würze das verquirlte Ei mit Salz und Pfeffer und ein paar frischen Kräutern.

Rührei ohne alles ...

Für 2 kleine Esser:

2 Eier
1 Schuss Milch
Salz und Pfeffer
1 Klecks Butter

1 Schüssel
1 Gabel
1 beschichtete
   Pfanne
1 Holzlöffel
1 kleines Messer

1. Schlage die beiden Eier an einer Schüssel auf – **wie das geht, weißt du ja jetzt** – und verquirle sie mit einer Gabel zusammen mit der Milch, sodass sich alles gut vermischt. Mit Salz und Pfeffer würzen.

2. Einen Klecks Butter in der Pfanne schmelzen lassen und die Eiermischung in die Pfanne gießen. Mit einem Holzlöffel gut verrühren, bis das Ei fest wird.
Aber nicht zu lange in der Pfanne lassen, sonst wird das Rührei trocken.

Ein Mops kam in die Küche und stahl dem Koch ein Ei ...

... oder mit Kräutern

Wenn du jetzt aber ein paar Kräuter in das Rührei mischen möchtest, dann geht das so:

1. Schneide den Schnittlauch oder das Basilikum oder beides mit einem Messer klein. Die Tomate mit einem geriffelten Messer erst halbieren, den grünen Stielansatz vorsichtig herausschneiden, dann den Rest würfeln. Alles zu der Eiermischung geben.

2. Das Rührei genauso wie nebenan beschrieben in der Pfanne braten. **Riecht und schmeckt so gut, wie es aussieht!**

Für 2 kleine Kräuterfans:

1 Bund Basilikum **oder**
1 Bund Schnittlauch
1 Tomate

Jojo:
8 Jahre

»**Ich liebe Rühreier!** Vor allem wenn ich mit Nicolas 'ne Frühstücksparty feier. Dann braten wir uns immer Rühreier, aber auch ab und zu eine ganze Pfanne voll Spiegeleier. Am besten schmecken mir die, wenn ich sie mit einer dicken Scheibe Brot zermansche.«

Nicolas:
7 Jahre

»Mit Jojo kochen macht richtig viel Spaß. Sie mag aber nur Rührei und Spiegeleier. Wenn ich ehrlich bin, kann ich die schon ganz gut. Am Wochenende mach ich für meine Mama oft Pfannkuchen – sie sagt dann immer, dass das die leckersten Pfannkuchen der Welt sind. **Find ich auch!**«

Omeletts sind einfach toll! Außerdem sind sie ganz schnell gebraten und schmecken zu jeder Tageszeit. Man kann Omeletts mit ganz vielen verschiedenen Zutaten belegen und sie schmecken nie langweilig.
Ein paar Eier findest du bestimmt immer im Kühlschrank – pass aber auf, dass sie auch ganz frisch sind.

Käse-Speck-Omelett

Für 1 kleinen Esser:

2 Eier
1 Schuss Milch
Salz und Pfeffer
2 Scheiben Frühstücksspeck
1 Klecks Butter
2 dicke Scheiben Bergkäse

1 Gabel
1 Schüssel
1 Pfannenwender
Küchenpapier

1. Verquirle mit der Gabel die Eier und die Milch. Die Eiermasse salzen und pfeffern. Die Pfanne auf mittlerer Stufe erhitzen und den Speck darin knusprig anbraten. Mit dem Pfannenwender den Speck herausnehmen und auf Küchenpapier legen, damit das Fett abtropfen kann.

2. Die Butter in der Pfanne bei mittlerer Hitze schmelzen lassen. Jetzt kommen die Eier in die Pfanne. Halte die Pfanne ein bisschen schief, damit die Eiermasse überall hinfließen kann. Wenn der ganze Pfannenboden bedeckt ist, kann die Masse stocken – das heißt, sie wird fest.

3. Auf die eine Hälfte des Omeletts kommen jetzt der Bergkäse und der knusprige Speck. **Der Käse soll durch die Hitze etwas schmelzen.** Wenn das Omelett nicht mehr flüssig ist, klappe mit dem Pfannenwender die andere Hälfte über den Käse und den Speck.
Jetzt nur noch das Omelett aus der Pfanne heben, und fertig ist ein üppiges Frühstück oder ein schnelles Mittagessen.

Pfannkuchen – mal nicht so süß

Dieses Pfannkuchenrezept ist mal etwas ganz anderes.
Was obendrauf kommt, ist weder Zucker noch Marmelade,
auch keine Schokosauce mit Banane, sondern ...

Für 2 kleine Esser:

2 Eier
150 Gramm Mehl
300 Milliliter Milch
Salz
1 Esslöffel Rapsöl
4 Esslöffel
 Frischkäse
3 Scheiben
 Räucherlachs
3 Frühlings-
 zwiebeln
1/2 Bund
 frischer Dill
Salz und Pfeffer

2 Schüsseln
1 Schneebesen
1 Messer
1 beschichtete
 Pfanne
1 Schöpflöffel
1 Pfannenwender

1. Schlage die Eier in eine Schüssel und verquirle sie mit dem Schneebesen mit dem Mehl, der Milch, 1 Prise Salz und dem Rapsöl, bis ein glatter, zähflüssiger Teig entsteht. Der Pfannkuchenteig muss nun ein bisschen ruhen, stelle die Schüssel dafür einfach zur Seite.

2. Gib den Frischkäse in die zweite Schüssel. Den Lachs mit einem kleinen Messer in feine Streifen schneiden und mit dem Frischkäse vermischen. Die Frühlingszwiebeln waschen und in Ringe schneiden. Den frischen Dill kurz unter kaltes Wasser halten und ein paar feine Zweige abzupfen. Ein paar Zweige Dill und die Frühlingszwiebeln unter den Frischkäse mischen und alles, wie es dir am besten schmeckt, salzen und pfeffern.

3. Die Pfanne auf der mittleren Stufe erhitzen. Mit einem Schöpflöffel 1 Kelle von dem Pfannkuchenteig in die heiße Pfanne gießen. Die Pfanne schräg halten und hin- und herschwenken, sodass sich der Teig überall gleichmäßig verteilt. Sobald sich der Pfannkuchen ein bisschen vom Rand löst, vorsichtig mit dem Pfannenwender umdrehen und fertig backen. Aus dem restlichen Teig noch 3 weitere Pfannkuchen backen.

4. Bestreiche die Pfannkuchen mit der Füllung. Dann vom Rand aufrollen und reinbeißen.

Salat

Na klar, Salat ist gesund, das weiß wirklich jeder! Aber dass gesunder Salat auch gut schmeckt und überhaupt nicht langweilig ist, kannst du hier gleich rausfinden. Probier sie ganz schnell aus, die kunterbunten Salate!

Alles Salat?

Den gibt es mit den komischsten Namen, zum Beispiel Eisbergsalat, Lollo rosso, Rapunzelsalat oder Kopfsalat. Für unseren Salat nimmst du einfach den, der dir am besten schmeckt.

Grüner Salat

1. Als Erstes lässt du das Spülbecken voll kaltes Wasser laufen. Vom Salat die Blätter abzupfen und gründlich waschen.

2. Die Blätter aus dem Wasser fischen und in einem Sieb oder einer Salatschleuder trockenschleudern.

3. Den Salat in eine Schüssel geben und mit einer der leckeren Salatsaucen von Seite 48/49 mischen.

Für 2 kleine und 2 große Esser:

1 Kopf von deinem Lieblingssalat

1 Sieb **oder**
1 Salatschleuder
1 Schüssel

Tipps und Tricks

Salat waschen – weil er in der Erde wächst

1. Salat ist noch voller Erde und muss gründlich gewaschen werden.

2. Lass das Spülbecken voll kaltes Wasser laufen und zupfe die Blätter vom Salat.

3. Mit den Händen die Salatblätter durchs Wasser wirbeln, bis sie sauber sind.

Salat trocknen – weil dann die Sauce besser haftet

1. Wenn du keine Salatschleuder hast, lege den gewaschenen Salat auf ein Küchenhandtuch.

2. Schlage die Enden und Seiten zusammen.

3. Wirbel das Tuch in der Luft herum, bis der Salat ganz trocken ist.

Zwiebeln schneiden – das brennt

1. Ziehe die Schale der Zwiebel mit einem Messer ab und schneide die Zwiebel in der Mitte durch.

2. Lege die Zwiebelhälfte mit der flachen Seite auf ein Brett und schneide sie der Länge nach mehrmals bis fast zum Ende ein.

3. Dann schneide quer zu den Einschnitten die Zwiebel in kleine oder große Würfel.

Tomaten schneiden – das matscht

1. Nimm ein geriffeltes Messer und schneide die Tomate in der Mitte durch.

2. Schneide ein kleines Dreieck um den grünen Stielansatz und wirf ihn weg, denn der ist ungesund.

3. Lege die Tomate mit der flachen Seite auf ein Brett und schneide sie in Scheiben oder Würfel.

Gurkensalat

Für 2 kleine und 2 große Esser:

1 Salatgurke
1 Becher Joghurt **oder** saure Sahne
1 Bund frischer Dill **oder** 1 Päckchen tiefgekühlter Dill
Salz und Pfeffer

1 Sparschäler
1 kleines Messer
1 Brettchen
1 Schüssel

1. Die Salatgurke mit dem Gemüseschäler schälen, die Enden abschneiden. Mit dem Messer die Gurke in ganz dünne Scheiben schneiden. **Aber Vorsicht, schneide dir nicht in die Finger, lass dir lieber ein bisschen Zeit!**
Die Gurkenscheiben in die Schüssel füllen.

2. Den Joghurt unter die Gurken rühren. Dill kurz unter kaltem Wasser waschen und mit dem Messer ganz klein schneiden. Den Dill zu den Gurken geben und mit dem Löffel gut verrühren. Mit Salz und Pfeffer würzen, und schon ist der Gurkensalat fertig!

Gurkensalat schmeckt immer. Am liebsten mag Lea ihn zu den Spaghetti Bolognese von Seite 110.

Tomatensalat (fast ohne alles)

Für 2 kleine und 2 große Esser:

5 Tomaten
1 kleine Zwiebel
Salz und Pfeffer

1 geriffeltes Messer
1 Brettchen
1 Schüssel

1. Die Tomaten unter kaltem Wasser kurz waschen. Dann mit dem Messer halbieren und den grünen Stielansatz herausschneiden. Lege die Tomatenhälften mit der flachen Seite auf das Brettchen – so wackelt die Tomate beim Schneiden nicht – und schneide sie in dünne Scheiben. Die Scheiben kommen in die Schüssel.

2. Die Zwiebel schälen, halbieren und vorsichtig in ganz feine Ringe schneiden. Die Zwiebelringe unter die Tomaten mischen. Den Salat mit Salz und Pfeffer abschmecken und etwa 20 Minuten durchziehen lassen, **das macht ihn richtig saftig.**

Kleiner Tipp:

Wenn dir die Augen vom Zwiebelschneiden brennen und tränen, dann reibe nicht mit den Fingern in den Augen, sonst wird es nur noch schlimmer. Das Brennen geht aber wieder vorbei, sobald du mit dem Schneiden fertig bist. **Und wenn's gar nicht geht:** Nimm einen Schluck Wasser in den Mund (nicht runterschlucken) und schneide die Zwiebeln so. Das hilft!

Bunter Salat

Einfach alles klein schnippeln und in der Schüssel mischen!

1 Kopfsalat oder Eisbergsalat
2 kleine Karotten
5 Radieschen
1 Esslöffel Akazienhonig
1/2 Gurke
2 Tomaten
1 Bund Schnittlauch
1 Esslöffel Apfelessig
1 Becher Joghurt
2 Esslöffel Öl
Salz und Pfeffer

Und das brauchst du als Arbeitswerkzeug:

1 große Schüssel
1 Sieb **oder** Salatschleuder
1 Gemüseschäler
1 kleines Messer

9 Jahre

Lea.

Yippie, hitzefrei! Gleich geh ich mit meinen Schwestern Anna und Sophia ins Freibad, und heute abend wird gegrillt. Anna und ich haben schon zwei leckere Salate dafür vorbereitet.

Karotten-Apfel-Salat

**Für 2 kleine und
2 große Esser:**

6 große Karotten
2 Äpfel
1/2 Zitrone
1/2 Bund
  Schnittlauch
1 kleiner Becher
  Joghurt
2 Esslöffel Rapsöl
Salz und Pfeffer

1 Gemüseschäler
1 Schneidebrett
1 kleines Messer
1 Reibe
1 Schüssel
1 Schere

1. Schäle die Karotten und schneide die Enden ab. Die Äpfel waschen, vierteln und schräg mit dem Messer das Kerngehäuse abschneiden. Karotten und Äpfel vorsichtig mit der Reibe klein hobeln und in die Schüssel geben.

2. Schneide die Zitrone in 2 Hälften. Die eine kommt ab in den Kühlschrank, die andere hältst du über deine Hand und drückst sie fest zusammen. **Der Saft läuft nun durch deine Finger über den Salat und die Kerne bleiben in deiner Hand liegen.**

3. Den Schnittlauch waschen und mit der Schere in kleine Röllchen schneiden. Jetzt kommen nur noch Joghurt, Öl und die Schnittlauchröllchen zum Salat. Mit Salz und etwas Pfeffer abschmecken und alles noch mal kräftig durchmischen.

Fass die Karotten und Äpfel immer am hinteren Ende an, damit deine Finger nicht zu nah an die Reibe kommen und du dich nicht schneidest. Die Reibe besteht nämlich aus lauter klitzekleinen Messern, **und das kann höllisch wehtun, wenn du da aus Versehen drankommst.**

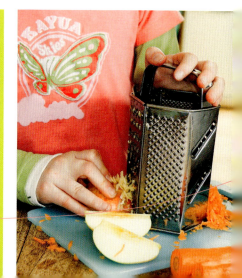

Aha!

Feldsalat wächst in sandigem Boden und ist deshalb überall voll mit Sand – das knirscht ganz schön zwischen den Zähnen, wenn der Salat nicht gründlich gewaschen ist. **Deshalb musst du ihn wirklich ganz, ganz gründlich waschen.** Du wirst sehen, am Beckenboden liegt danach richtig viel Sand.

Feldsalat mit Orangendressing Lecker!

Für 2 kleine und 2 große Esser:

5 Hände voll frischer Feldsalat
1 Orange
1 kleiner Becher Joghurt
2 Esslöffel Rapsöl
1 Esslöffel Akazienhonig
Salz und Pfeffer

1 Salatschleuder
1 Schneidebrett
1 Messer
1 große Schüssel
1 kleine Schüssel

1. Den Feldsalat gut waschen, trockenschleudern und in die große Schüssel geben.

2. Die Orange schälen, in einzelne Stücke teilen und mit dem Messer in kleine Würfel schneiden. Mit dem Joghurt, dem Öl, dem Honig und Salz und Pfeffer in der kleinen Schüssel mischen.

3. Den Feldsalat mit der Orangensauce mischen und **sofort aufessen – sonst wird er matschig.**

die schmecken – reicht immer locker für einen Lieblingssalat

Salatsaucen

Vinaigrette

Für 2 kleine Esser:

2 Esslöffel Essig
1 Esslöffel süßer Senf
Salz und Pfeffer
6 Esslöffel Öl

1 kleine Schüssel
1 kleiner Schneebesen

Den Essig mit dem süßen Senf und etwas Salz und Pfeffer verrühren. Das Öl unter den Essig rühren und noch mal gut verquirlen.

Diese Varianten gibt's:
klein gehackte Petersilie, Schnittlauch **oder** Basilikum
Akazienhonig statt Senf
1 kleine rote Zwiebel – auch klein gehackt
1 zermanschte gekochte Kartoffel
1 Tomate in kleinen Würfelchen
1 klein gehackte Knoblauchzehe
frisch gepresster Zitronensaft
2 Esslöffel Joghurt
… oder einfach alles drunterrühren – probier aus, was du am liebsten magst!

Öl, das schmeckt:
kaltgepresstes Rapsöl, Olivenöl, Sonnenblumenöl
Essig, der schmeckt:
Aceto balsamico, Apfelessig

Übrigens: Wenn dir die Salatsauce zu dickflüssig ist, kannst du etwas warmes Wasser untermischen, dann lässt sich die Sauce besser im Salat verteilen.

Süße Joghurtsauce

Für 2 kleine Esser:

4 Esslöffel Naturjoghurt
2 Esslöffel Öl
1 Esslöffel Zitronensaft
1 Esslöffel Akazienhonig
Salz und Pfeffer
1 Orange **oder** Mandarine
1/2 Apfel **oder** Birne

1 kleine Schüssel
1 kleiner Schneebesen
1 Messer

Den Joghurt mit dem Öl, etwas Zitronensaft und dem Akazienhonig verrühren. Salzen und pfeffern – so wie du es magst.

Jetzt kommt frisches Obst dazu. Such dir aus, auf was du Lust hast – oder nimm, was du grad zu Hause hast:
1 Orange in kleinen Stückchen
1 Mandarine in kleinen Stückchen
1/2 geriebener Apfel
1/2 Birne in kleinen Stückchen

auch wahnsinnig gut: 2 Esslöffel Preiselbeeren aus dem Glas

Ganz schön bunte Suppen

**Mmmmmm ...
so eine warme Suppe tut einfach gut!** Das Schöne an Suppen ist, dass du sie aus allen möglichen Zutaten zubereiten kannst. Eigentlich gibt es kaum ein Gemüse, aus dem sich keine Suppe kochen lässt. Die allerbesten, die immer schmecken und bei Wind und Wetter wärmen, findest du in diesem Kapitel.

Es gibt ein paar Dinge, die du unbedingt zum Suppenkochen brauchst. Dann kann es auch schon losgehen:

Großer Topf

Suppengrün

Baguette/Brot

Suppennudeln

Joghurt und Sahne

Instantbrühe

> Wenn du mal kein Suppengrün zu Hause hast, ist Instantbrühe echt okay für eine Suppe. Außerdem kann man damit Gemüsesuppen toll würzen.

Dosentomaten und eine Prise Zucker

Pürierstab

Suppenkelle

Gemüse (Lauch, Zwiebeln, Kürbis, Kartoffeln, Karotten)

Gemüsebrühe

Ohne die geht fast gar nichts, denn sie ist die Grundlage für vier der leckersten Suppen überhaupt. Und die stehen auch schon auf den nächsten Seiten.

Für 2 kleine und 2 große Esser:

2 Bund Suppengrün
1 1/2 Liter Wasser
Salz und Pfeffer

1 Gemüseschäler
1 Schneidebrett
1 kleines Messer
1 großer Topf

1. Zuerst schäle die Karotten mit dem Gemüseschäler. Schneide mit dem Messer die Enden ab und schneide die Karotten in kleine Würfel. Den Lauch waschen und in feine Ringe schneiden. Die Sellerieknolle schälen und in kleine Würfel oder Streifen schneiden.

2. Viel mehr ist jetzt gar nicht zu tun.
Nur noch ungefähr 1 1/2 Liter Wasser im Topf zum Kochen bringen, das Gemüse dazugeben, den Deckel drauftun und alles etwa 1 Stunde blubbern lassen. Zum Schluss die Brühe mit etwas Salz und Pfeffer würzen und die frische Petersilie darüber streuen.

Probier mal!
Koch doch mal klein geschnittenen Kohlrabi, Tomaten, Brokkoliröschen oder Schnittlauch in der Suppe mit.

Aha! Das Salz in der Suppe ist ganz schön wichtig, sonst schmeckt sie ziemlich langweilig. Wenn die Suppe versalzen ist, sagt man, dass der Koch verliebt ist ... Wenn's dir auch mal passiert, obwohl du nicht verliebt bist, dann mische einfach 1 Esslöffel Essig mit Zucker und rühre die Mischung in die Suppe – das hilft. Und wenn's immer noch salzig schmeckt? **Dann steckt da wohl doch ein nettes Mädchen oder ein netter Junge dahinter?!**

Diese vier Suppen sind ganz schnell gemacht. Es kommt einfach jeweils eine andere Zutat in die Gemüsebrühe, und schon schmeckt jede Suppe anders.

Nudelsuppe

**Für 2 kleine und
2 große Esser:**

 1 Rezept
Gemüsebrühe
von Seite 54
so viele kleine
Suppennudeln,
wie du möchtest,
aber nicht mehr
als 500 Gramm

Die Gemüsebrühe etwa 1 Stunde kochen, dann die Suppennudeln dazugeben und nach Packungsangabe – **meistens nicht länger als 8 Minuten** – kochen.

Hast du das gewusst?
Wenn dir morgens schlecht ist und irgendwas mit deinem Magen nicht stimmt, dann koch dir eine Hühnersuppe, und schon geht's dir wieder besser. Hühnerfleisch ist nicht so fett und tut dem Magen richtig gut. Und bei einer dicken Erkältung hilft Hühnersuppe auch!

Hühnersuppe

**Für 2 kleine und
2 große Esser:**

 1 Rezept
Gemüsebrühe
von Seite 54
400 Gramm
Hühnerbrust

 1 Schneidebrett
1 kleines Messer

Die Gemüsebrühe etwa 1 Stunde kochen. In der Zwischenzeit kannst du die Hühnerbrust klein schneiden. Halte sie vorher aber kurz unter kaltes Wasser und tupfe sie dann mit einem Küchentuch ab.
So, und jetzt die Hühnerbrust mit dem Messer in kleine Stücke schneiden und in die Suppe geben.
Nach ungefähr 15 Minuten sind die Hühnerstücke weich und zart **und die Suppe ist fertig.**

So sieht also ein Pfannkuchengesicht aus!

Pfannkuchensuppe

Für 2 kleine und 2 große Esser:

1 Rezept Gemüsebrühe von Seite 54
1 Rezept Pfannkuchen von Seite 28
1 Bund Schnittlauch

1 Gemüseschäler
1 Schneidebrett
1 kleines Messer
1 großer Topf
1 Schere

Die Gemüsebrühe etwa 1 Stunde kochen. Die Pfannkuchen aufrollen und mit dem Messer in dünne Streifen schneiden. **Die Pfannkuchenstreifen ein paar Minuten in der Suppe erhitzen.** Den Schnittlauch waschen und mit einer Schere über der Suppe klein schneiden.

Grießnockerlsuppe – unsere absolute Lieblingssuppe

**Für 2 kleine und
2 große Esser:**

1 Rezept
Gemüsebrühe
von Seite 54

Für die Grießnockerln:
  5 Esslöffel
    weiche Butter
  2 Eier
  12 Esslöffel
    Hartweizengrieß
  etwas Salz
  frisch geriebene
    Muskatnuss
  1 Bund
    Schnittlauch

  1 Gemüseschäler
  1 Schneidebrett
  1 kleines Messer
  1 großer Topf
  1 Handrührgerät
  1 Schüssel
  2 Teelöffel
  1 Schere

1. Die Gemüsebrühe etwa 1 Stunde kochen. Inzwischen für die Nockerln die Butter mit dem Rührgerät in der Schüssel schaumig rühren. Eier und Grieß dazugeben und zu einem zähen Teig verrühren.
Mit etwas Salz und, wenn du möchtest, frisch geriebener Muskatnuss würzen. **Die Nockerlmasse eine knappe Stunde ruhen lassen.**

2. Wenn die Suppe fast fertig ist, nimm die Teelöffel und stich aus der Masse kleine Nockerln aus. Lass sie vorsichtig in die Brühe gleiten.
Wenn du die Nockerln in die Brühe gibst, sinken sie zuerst auf den Boden, später tauchen sie dann wieder auf.
Die Nockerln müssen 15 Minuten in der Suppe leicht kochen – man sagt auch, sie müssen ziehen –, dann sind sie fertig.

3. Den Schnittlauch waschen und mit der Schere über der Grießnockerlsuppe klein schneiden.

Leon:
11 Jahre

»Ich dachte immer, Kochen ist doch was für Mädchen. Aber okay, ich geb's zu: **Kochen ist echt cool!**«

Tomatensuppe mit Basilikumsahne

**Für 2 kleine und
2 große Esser:**

1 kleine Zwiebel
1 Klecks Butter
1000 Gramm passierte Tomaten
1/2 Liter Gemüsebrühe
Salz und Pfeffer
1 Esslöffel Zucker
1/2 Becher Sahne
ein paar Blätter frisches Basilikum

1 Schneidebrett
1 kleines Messer
1 großer Topf
1 Schneebesen
1 kleine Schüssel

1. Schäle die Zwiebel und schneide sie in kleine Würfel. Die Butter im Topf schmelzen lassen und die Zwiebel darin kurz anbraten.

2. Nun kommen die Tomaten in den Topf. Da passierte Tomaten sehr dickflüssig sind, wird die Suppe jetzt mit der Gemüsebrühe etwas verdünnt. Die Suppe leicht kochen lassen und mit Salz, Pfeffer und Zucker abschmecken.

3. Die Sahne mit dem Schneebesen in der Schüssel leicht schlagen, bis sie cremig wird. **Einige Blätter Basilikum klein zupfen und unter die Sahne mischen.** Die Tomatensuppe in Suppenschüsseln füllen und einen Klecks von der Basilikumsahne auf jede Portion setzen.

Aha! Tomatensuppen oder -saucen schmecken manchmal leicht säuerlich. Damit deine Suppe schön mild und cremig wird, kommt einfach 1 Teelöffel Zucker dazu.

Probier mal!

Schneide 1 Scheibe Brot in kleine Würfel und röste sie in einer Pfanne in etwas Olivenöl knusprig an. Die knusprigen Brotwürfel über die Suppe streuen. Oder streue frisch geriebenen Parmesan über die Suppe. Einfach lecker!
Und wenn du Lust hast, kommen alle drei in die Suppe: ein Klecks Basilikumsahne, knusprige Brotwürfel und frisch geriebener Parmesan.

Probier mal!

Mit anderen Gemüsesorten geht das genauso leicht. Aber nicht vergessen: Karotten und Kartoffeln vorher schälen und ca. 10 Minuten länger kochen.

Kürbissuppe

Diese Suppe ist ganz einfach zu kochen. Außerdem kannst du statt Kürbis auch Karotten, Blumenkohl, Brokkoli oder Kartoffeln hineintun.

Für 2 kleine und 2 große Esser:

1 kleine Zwiebel
1/2 Kürbis –
   am besten
   schmeckt
   Hokkaido
1 Klecks Butter
1 Liter Gemüse-
   brühe
Salz und Pfeffer
1 Becher Joghurt

1 Schneidebrett
1 großes Messer
1 Löffel
1 großer Topf
1 Pürierstab

1. Die Zwiebel schälen und in kleine Würfel schneiden. Die Kerne mit einem Löffel aus dem Kürbis herauskratzen und den Kürbis in kleine Stücke schneiden. Das Tolle beim Hokkaido-Kürbis ist, dass man sogar die Schale mitessen kann. **Da sparst du dir gleich etwas Arbeit.**

2. Die Butter im Topf erhitzen und Zwiebelwürfel und Kürbisstücke ein paar Minuten anbraten. Die Gemüsebrühe dazugießen und den Kürbis in etwa 20 Minuten weich kochen.

3. Wenn der Kürbis weich ist, nimm den Pürierstab und püriere ihn in der Brühe. Jetzt ist die Suppe schon fast fertig. Nur noch etwas Salz und Pfeffer dazu und den Joghurt unterrühren, und schwups, hast du eine leckere Gemüsesuppe gekocht.

Brrrrrr, ist das kalt!

Also schnell ab in die Küche und mal schauen, welche Zutaten für eine warme Suppe wir da haben. Karotten und Kartoffeln bestimmt, und der Topf ist groß genug für SUPPE FÜR ALLE!

Kartoffeln
die können alles

Wie schmeckt's dir besser?

Brutzlig braun oder lieber weich und cremig? Aus Kartoffeln kannst du nämlich ganz schön viele verschiedene Gerichte kochen. Du kannst sie braten, kochen, stampfen, pressen, dippen, füllen, einpacken und sogar am Stock über einem kuscheligen Lagerfeuer im Freien grillen.

Kleine Kartoffelkunde

Kartoffeln

mehlig kochende Kartoffeln
nimmt Jonas für Kartoffelbrei und Kartoffelsuppe

vorwiegend fest kochende Kartoffeln
nimmt Leon für Kartoffelsalat und Bratkartoffeln

fest kochende Kartoffeln
nimmt Jonathan für Pommes und Ofenkartoffeln

Kartoffelbrei oder auch Kartoffelpüree

**Für 2 kleine und
2 große Esser:**

8 große mehlig
kochende
Kartoffeln
1 Glas Milch
1 Klecks Butter
Salz und Pfeffer
frisch geriebene
Muskatnuss

1 Gemüseschäler
1 Schneidebrett
1 großer Topf
1 Kartoffelpresse

1. Die Kartoffeln waschen, schälen und einmal in der Mitte durchschneiden, dann geht das Kochen ein bisschen schneller. Die Kartoffeln in einen großen Topf legen und mit Wasser aufgießen. Einen Schuss Salz ins Wasser geben und die Kartoffeln etwa 20-30 Minuten kochen, bis sie weich sind.

2. Das Wasser vorsichtig abgießen und die Kartoffeln etwa 1 Minute auskühlen lassen. Jetzt hol dir die Kartoffelpresse und presse eine Kartoffel nach der anderen in den Topf.

3. Damit der Kartoffelbrei noch besser und schön cremig schmeckt, kommen jetzt noch die Milch und ein großer Klecks Butter in die Kartoffelmasse. Alles gut verrühren und mit Salz, etwas Pfeffer und frisch geriebener Muskatnuss abschmecken.

Knusprige Bratkartoffeln vom Blech

Für 2 kleine und 2 große Esser:

6 große fest kochende Kartoffeln
Salz
Rapsöl

1 großer Topf
1 Schneidebrett
1 kleines Messer
1 Backblech
Backpapier

1. Die Kartoffeln waschen, in einen großen Topf legen und mit Wasser aufgießen. Einen Schuss Salz ins Wasser geben und die Kartoffeln etwa 10 Minuten kochen. Das Wasser abgießen und die Kartoffeln gut auskühlen lassen.

2. Den Backofen auf 200 Grad vorheizen. Da die Kartoffeln noch recht hart sind, kannst du sie gut mit dem Messer in ganz dünne Scheiben schneiden. Lege das Backpapier auf das Backblech und die Kartoffelscheiben nebeneinander auf das Backpapier. Verteile noch etwas Öl über die Kartoffeln und würze sie mit etwas Salz.

3. Schiebe das Blech auf die mittlere Schiene des Backofens. In 25 Minuten werden die Kartoffeln schön goldbraun und knusprig. Ziehe dir feste Ofenhandschuhe an, wenn du das Blech aus dem Ofen holst, damit du dich nicht am heißen Blech verbrennst.

Probier mal! Die Knusperkartoffeln schmecken lecker zu einem gemischten Salat oder zum Kräuterquark auf Seite 84 oder einfach nur so, ohne alles.

Leon, Jonathan und Jonas

11 Jahre   12 Jahre   12 Jahre

»Hey, Mädels! Grillen ist nicht nur Männersache, deshalb kommt mal schnell rüber und helft uns!«

Schneller Kartoffelsalat

**Für 2 kleine und
2 große Esser:**

8 große fest kochende Kartoffeln
1 Salatgurke
300 Milliliter Obstessig
300 Milliliter Gemüsebrühe
Rapsöl
Salz und Pfeffer
1 Bund Schnittlauch

1 Gemüseschäler
1 großer Topf
1 Schneidebrett
1 kleines Messer
1 Salatschüssel
1 Messbecher
1 Schere

1. Die Kartoffeln waschen, schälen, in den Topf legen und mit Wasser aufgießen. Einen Schuss Salz ins Wasser geben und die Kartoffeln etwa 20-30 Minuten kochen.

2. In der Zwischenzeit kannst du schon mal die Salatgurke schälen und in dünne Scheiben schneiden. Die Gurkenscheiben in der Schüssel mit dem Essig, der Brühe und dem Öl mischen.

3. Wenn die Kartoffeln gar sind, gieße das Wasser ab und lass die Kartoffeln gut auskühlen. Sobald sie ausgekühlt sind, schneide sie in dicke Scheiben. Die Kartoffeln gründlich mit den Gurken in der Schüssel vermischen. Alles gut salzen und pfeffern und den Schnittlauch mit der Schere über der Schüssel klein schneiden.

4. Den Salat noch mal gut umrühren und etwas ziehen lassen, bis die Kartoffeln die ganze Flüssigkeit aufgesogen haben.

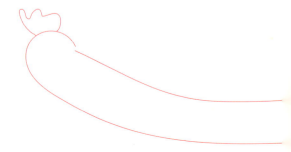

Fast jeder hat seinen Lieblings-Kartoffelsalat. Die einen den von Papa, die anderen den von Tante Ilse. Das Gute daran ist: Alle schmecken sie toll! Probier einfach aus, wie dein Salat schmeckt.

Zum Beispiel:

Klein geschnittene Wienerwurst
Essiggurken
2 hart gekochte Eier
1 kleines Glas Mayonnaise und
1 Becher Joghurt
2 klein geschnittene Äpfel

Tipps und Tricks

Kartoffeln putzen – mit oder ohne Schale

1. Kartoffeln wachsen in der Erde, deshalb sind sie meistens auch noch voll davon.

2. Schrubbe die Kartoffeln unter kaltem Wasser mit einer Bürste gründlich ab.

3. Oder schäle die Kartoffeln mit einem Gemüseschäler und wasche sie dann. Entferne auch grüne oder braune Stellen.

Kartoffeln kochen – geht mit oder ohne Schale

1. Du kannst die Kartoffeln mit oder ohne Schale kochen und natürlich auch essen.

2. Die Kartoffeln sollten alle ungefähr die gleiche Größe haben, damit sie gleichzeitig gar sind.

3. Kartoffeln in kaltem oder warmem Salzwasser aufsetzen und etwa 20-25 Minuten kochen.

Kartoffeln sind fertig – wenn …

1. … du mit einem Messer in die Kartoffel stichst und nur noch einen leichten Widerstand spürst.

2. … das Messer aber noch in der Kartoffel stecken bleibt.

3. Wenn du mehlige Kartoffeln kochst: Sie zerfallen sehr schnell – genau richtig für Kartoffelbrei.

Kartoffelwasser abgießen – Vorsicht heißer Dampf!

1. Ziehe am besten Ofenhandschuhe an, dann verbrennst du dir die Finger nicht am heißen Wasserdampf.

2. Halte den Topf schräg und gieße das Wasser langsam in ein großes Sieb im Spülbecken.

3. Lass die Kartoffeln noch ein paar Minuten ohne Deckel auskühlen.

Pommes mit Ketchup

Juhuu! Für Pommes mit Ketchup gibt's hier auch ein Rezept – und alles selbst gemacht. Das kann ja nur lecker schmecken!

Für 2 kleine und 2 große Esser:

8 große fest kochende Kartoffeln
Rapsöl
Salz

1 Gemüseschäler
1 Schneidebrett
1 kleines Messer
1 Backblech
Backpapier

1. Die Kartoffeln waschen und schälen. Zuerst schneidest du die Kartoffeln in dicke Scheiben, dann die Scheiben in schmale Streifen. Die sollen so aussehen, wie du dir Pommes vorstellst.

2. Lege das Backpapier auf das Backblech und verteile die Pommes darauf. Mit dem Öl beträufeln und gut salzen. Jetzt kommen die Pommes ab in den Ofen, und zwar bei 200 Grad für 20 Minuten. Die Pommes vorsichtig aus dem Ofen holen. **Mit dem leckersten Ketchup der Welt und ein paar Freunden gemeinsam aufessen.**

Ketchup – ab jetzt nur noch selbst gemacht

1 Liter passierte Tomaten
Akazienhonig
Sojasauce
Orangensaft
Balsamico-Essig
Salz und Pfeffer
Currypulver

Die Grundlage von deinem selbst gemachten Ketchup sind passierte Tomaten. Davon nimmst du ein Glas – ca. 1 Liter – und kochst sie in einem kleinen Topf auf. Jetzt kannst du deinen Ketchup würzen, ganz so wie du es magst, und zwar mit Akazienhonig, etwas Sojasauce, einem Schuss Orangensaft, einem Spritzer Balsamico-Essig und natürlich Salz und Pfeffer. Wenn du den Ketchup etwas schärfer magst, dann kann ruhig auch noch etwas Currypulver mit in den Topf. Alles verrühren, aufkochen und wenn's dir schmeckt, abkühlen lassen.
Wie praktisch: Der Ketchup hält sich ein paar Tage im Kühlschrank.

Schnell abhauen und vorm Abwaschen drücken!

Ofenkartoffeln mit Kräuterquark

Für 2 kleine und 2 große Esser:

4 große fest kochende Kartoffeln
Rapsöl
Salz

1 Backblech
1 Schneidebrett
1 kleines Messer
1 Teelöffel
Alufolie

1. Die Kartoffeln gründlich waschen und mit dem Messer auf einer der flachen Seiten ein großes Kreuz in die Kartoffeln ritzen. Auf das Kreuz je 1 Teelöffel Öl und etwas Salz geben und die Kartoffeln einzeln in Alufolie wickeln.

2. Ab in den Ofen mit den Kartoffeln – **allerdings brauchen sie in der Folie ziemlich lange:** eine gute Stunde bei 200 Grad. Inzwischen kannst du aber schon den Kräuterquark vorbereiten.

Für den Kräuterquark:

500 Gramm Speisequark
1 Schuss Milch
Akazienhonig
1 Bund Schnittlauch
1 Bund Petersilie
Salz und Pfeffer

1 Schneidebrett
1 kleines Messer

1. Den Quark mit der Milch in der Schüssel cremig rühren. Langsam etwas Honig einrühren, dann schmeckt der Quark etwas milder und süßer.

2. Den Schnittlauch und die Petersilie waschen und den Schnittlauch mit der Schere klein schneiden. Die Petersilienblätter abzupfen und mit dem Messer klein schneiden. Mische beide Kräuter unter den Quark und schmecke alles mit Salz und Pfeffer ab.

3. **Die Kartoffeln aus dem Ofen holen und mit dem Kräuterquark auf 4 Tellern anrichten.**

Probier mal!

Und auch hier gibt's wieder tolle Sachen, die so richtig gut zu Ofenkartoffeln passen:

Ofenkartoffeln mit Kräuterquark

Gebratener Mais (den Mais in einer Pfanne mit Butter anbraten)

Speckwürfel (Frühstücksspeck in Würfel schneiden und in einer Pfanne ohne Butter anbraten)

Räucherlachs (in Streifen schneiden und mit 1 Becher Crème fraîche mischen)

Hups, wir lieben ja Gemüse

Ein Versprechen gibt's in diesem Buch, und zwar, dass dir jedes – na ja, fast jedes – Gemüse schmecken wird. Weißt du warum? Weil Gemüse nicht nur kunterbunt und gesund ist, sondern weil du ganz viele verschiedene Gerichte damit kochen kannst. Und roh geknabbert schmeckt's natürlich auch!

Für 8 kleine Leckerbissen:

1/2 Vollkornbaguette
4 reife Tomaten
einige Blätter frisches Basilikum
3 Esslöffel Olivenöl
Salz und Pfeffer
frisch geriebener Parmesan (wenn du magst)

1 Schneidebrett
1 Brotmesser
1 Pfanne
1 kleines Messer
1 kleine Schüssel

1. Schneide das Baguette in 8 gleich große Scheiben. Stelle die Pfanne auf den Herd und erhitze sie auf der mittleren Stufe. Damit die Baguettescheiben schön knusprig werden, kommen sie jeweils für 2 Minuten von beiden Seiten in die Pfanne.

2. Die Tomaten waschen, den grünen Stielansatz entfernen und die Tomate in kleine Würfel schneiden. Die Würfel kommen in die Schüssel. Zupfe die Basilikumblätter in kleine Stücke und mische sie mit den Tomaten, dem Öl und etwas Salz und Pfeffer.

3. Wenn die Baguettescheiben goldbraun geröstet sind, verteile die Tomatenmischung gleichmäßig auf den Broten. **Wenn du willst, kannst du noch etwas frisch geriebenen Parmesan darüber streuen.**

Bunte Gemüsespieße

Für 6 bunte Spieße brauchst du:

- 1 Zucchini
- 12 Kirschtomaten
- 1 rote Paprika
- 1 gelbe Paprika
- 2 Esslöffel Rapsöl
- 12 kleine Champignons
- Salz und Pfeffer
- 1 kleines Messer
- 1 Pfanne
- 1 Schneidebrett
- 6 lange Holzspieße

Das Gemüse waschen, die Zucchini und die Paprika in große Würfel schneiden. Alles kunterbunt durcheinander auf die Holzspieße stecken.

Das Öl in der Pfanne erhitzen und die Spieße von allen Seiten gleichmäßig anbraten. Zum Schluss mit Salz und Pfeffer würzen.

Daniel:
13 Jahre
(manchmal heikel ...)

»Mittwoch ist Omi-Fanny-Tag. Da gehe ich mittags immer hin und sie kocht mir alles, was ich mir wünsche. **Das finde ich gut, auch, dass sie mich nie zwingt, alles aufzuessen.**«

Top 3 der Lieblingsgerichte:

1 Königsberger Klopse
(aber ohne Kapern)

2 Zermanschte Kartoffeln mit Quark

3 Grießschnitten mit Apfel-Zimt-Kompott

Top 3 der Würgegerichte:

1. **Bohnen, Bohnen, Bohnen**

2. **Spinat mit Salzkartoffeln**

3. **Vanillepudding mit Haut**

Tipps und Tricks

Gemüse putzen – waschen oder schälen

1. Gemüse unter kaltem Wasser gründlich waschen.

2. Bei Pilzen die restliche Erde mit einer Bürste gründlich abreiben, das untere Stielende abschneiden.

3. Zwiebeln, Karotten, Gurken und Kartoffeln mit einem kleinen Messer oder Gemüseschäler schälen.

Gemüse schneiden – Würfel oder Streifen

1. Die Enden von Karotten, Zucchini, Gurken und Lauch abschneiden.

2. Gemüse mit einem Messer in Streifen oder in große oder kleine Würfel schneiden.

3. Paprika nicht in der Mitte durchschneiden, sondern die Seitenwände abschneiden und dann würfeln.

Gemüse kochen – weich oder knackig

1. Gemüse in wenig Salzwasser nur kurz kochen, dann bleibt es schön knackig.

2. Pikse mit einer Gabel in das Gemüse und probier, ob es schon weich genug ist.

3. Tiefgekühltes Gemüse wie Erbsen nur kurz in wenig Wasser kochen lassen.

Gemüse braten – Pfanne oder Backofen

1. Paprika, Karotten, Pilze, Zucchini, Lauch und eigentlich alle Gemüsesorten in der Pfanne in Rapsöl braten.

2. Ein Schuss Sahne zu deinem gebratenen Lieblingsgemüse ergibt eine leckere Nudelsauce.

3. Ofengemüse: Geputztes Gemüse bei 180 Grad auf dem Backblech mit etwas Öl knusprig braten – mmhhh!

Kürbispuffer

Schmeckt auch mit Karotten, Zucchini oder Mais

Für 8 kleine Leckerbissen:

300 Gramm Hokkaido-Kürbis (praktisch, weil du den nicht schälen musst)
2 Kartoffeln
2 Stangen Lauch
4 Esslöffel Mehl
2 Eier
Salz und Pfeffer
Rapsöl

1 grobe Reibe
1 Gemüseschäler
1 Schneidebrett
1 kleines Messer
1 Schüssel
1 großer Löffel
1 Pfanne
1 Pfannenwender

1. Vom Kürbis die Kerne entfernen und den Kürbis grob raspeln. Die Kartoffeln schälen und auch grob raspeln. Vom Lauch die Enden abschneiden, den Rest waschen und in feine Ringe schneiden.

2. Das Gemüse in einer Schüssel mit Mehl und Eiern gut vermischen – das geht am besten mit einem großen Löffel. Mit Salz und Pfeffer würzen. Wenn die Masse sehr feucht ist, gib noch ein paar Löffel Mehl dazu.

3. Reichlich Öl in einer großen Pfanne erhitzen. Mit den Händen aus der Gemüsemasse kleine Puffer formen und mit dem Pfannenwender in die Pfanne legen – Vorsicht, das Öl kann dabei etwas spritzen!
Mit dem Pfannenwender immer wieder umdrehen, bis beide Seiten goldbraun und knusprig gebraten sind.
Dazu schmeckt der Kräuterquark von Seite 84 ganz schön gut.

Vorsicht beim Hobeln!
Fass das Gemüse immer am hinteren Ende an und schau beim Hobeln immer auf deine Finger. Der Hobel besteht aus lauter kleinen Messern, und wenn da ein Finger drankommt, kann das ganz schön wehtun!

Gefülltes Gemüse

**Für 2 kleine und
2 große Esser:**

4 große Tomaten
1 Zucchini
1 gelbe Paprika
1 Becher Ricotta
  oder Frischkäse
4 Esslöffel frisch
  geriebener
  Parmesan
6 Scheiben
  Kochschinken,
  in Streifen
  geschnitten
ein paar Blätter
  frisches
  Basilikum
Salz und Pfeffer

1 Schneidebrett
1 kleines Messer
1 Teelöffel
1 Schüssel
1 ofenfeste Form

1. Wasche das Gemüse. Von den Tomaten mit dem Messer einen Deckel abschneiden. Die Enden der Zucchini abschneiden, die Zucchini einmal der Länge nach halbieren und noch mal in der Mitte teilen. Die Seitenwände der Paprika abschneiden.

2. Nimm den Löffel und löffle das Fruchtfleisch aus den Tomaten. Aber nicht wegschmeißen, sondern für die Füllung in die Schüssel geben. Jetzt mit dem Löffel das Zucchinifruchtfleisch aus den Hälften kratzen. Auch wieder in die Schüssel geben.

3. In die Schüssel kommen jetzt noch der Ricotta oder Frischkäse, der Parmesan und der Schinken. Alles mit ein paar Basilikumblättern und Salz und Pfeffer würzen und vermischen.

4. Die ausgehöhlten Tomaten und Zucchini und die Paprikaschiffchen mit der Creme füllen. Das gefüllte Gemüse in die Form setzen und im Ofen bei 180 Grad für 25 Minuten backen.

Kleine Gemüsekuchen aus der Muffinform

Für 12 kleine Kuchen:

150 Gramm eiskalte Butter
50 Milliliter kaltes Wasser
300 Gramm Mehl
dein Lieblingsgemüse, zum Beispiel 8 große Hände voll Spinat
1 Becher saure Sahne
2 Eier
6 Esslöffel frisch geriebener Käse (Parmesan, Gouda oder Ziegenkäse)
Salz und Pfeffer

2 kleine Rührschüsseln
1 Topf
1 Sieb
1 Rührgerät
1 kleines Messer
1 Muffinform
1 Suppenkelle

1. Huiuiui, dein erster Mürbteig! **Versprochen, das geht ganz einfach.** Schneide die Butter in klitzekleine Stücke. Verknete die Butter, das Wasser und das Mehl so lange in der Schüssel, bis ein richtiger Teig entsteht. Noch eine Prise Salz unterkneten und den Teig in Frischhaltefolie packen und für 15 Minuten in den Kühlschrank legen.

2. Wasche den Spinat und koche ihn gaaanz kurz in etwas Salzwasser, bis er zusammenfällt. Den Spinat im Sieb abtropfen lassen. Nimm die zweite Schüssel und verquirle die saure Sahne mit den Eiern und dem Käse. Den Spinat dazugeben und alles salzen und pfeffern.

3. Hole den Teig aus dem Kühlschrank und schneide ihn in 12 gleich große Stücke. Die Teigstücke drückst du mit den Fingern in je eine Mulde in der Muffinform, sodass der Boden bedeckt ist und überall ein kleiner Rand hochsteht.

4. Gib mit einer Suppenkelle die Füllung in die Förmchen. Die kleinen Gemüsekuchen kommen jetzt bei 180 Grad für 20 Minuten in den Ofen. Fertig sind die Kuchen, wenn die Füllung fest ist und der Teigrand goldgelb gebacken ist.

Probier mal! Tomaten, Kürbis, Erbsen, Räucherlachs oder Schinken in der Füllung.

Noch sehen die Törtchen langweilig aus, guck mal unten, wie lecker sie gebacken aussehen!

Nudeln
mit Sauce

Für fast alle Kinder sind Nudeln mit Sauce das absolute Lieblingsgericht.
Wie gut, dass hier die allerbesten Saucenrezepte drinstehen. Und wie man Nudeln selber macht, lernst du auch!
Und merke dir:
1 Rezept Sauce reicht immer für 1 Packung Nudeln (da sind 500 Gramm drin).

Tipps und Tricks

Nudeln kochen – erst wenn die Sauce fertig ist

1. Bringe einen großen Topf mit Salzwasser zum Kochen.

2. Wenn das Wasser kocht, kommen die Nudeln hinein. Schau auf die Packung, wie lange sie brauchen.

3. Lass die Nudeln nur bei mittlerer Hitze kochen. Falls sie überschäumen, vorsichtig reinpusten und schnell vom Herd nehmen.

Nudeln probieren – bis sie „al dente" sind

1. Hole dir mit einer Gabel eine Nudel aus dem Topf und probiere, ob sie schon weich genug ist (sie soll aber noch Biss haben).

2. Wenn die Nudeln gar sind, stelle ein großes Sieb in das Spülbecken und gieße die Nudeln vorsichtig ab.

3. Die Nudeln im Sieb noch mal durchrütteln und bis zum Essen im Topf warm halten.

Kleine Nudelkunde

Spaghetti
gibt's in dünn (Spaghettini) und in dick (Spaghettoni).

Orecchiette
nennt man auch Öhrchennudeln, und genau so sehen sie auch aus.

Farfalle
sehen aus wie kleine Schleifen oder Schmetterlinge.

Tagliatelle
sind dünne, lange, mittelbreite (5 mm) Bandnudeln.

Tortellini
werden mit den leckersten Zutaten gefüllt.

Lasagne
sind breite Nudelplatten, genau richtig zum Schichten.

Tomatensauce 1

Reicht für 1 Packung Nudeln = 2 kleine und 2 große Esser

1 kleine Zwiebel
1 Esslöffel Rapsöl
500 Gramm Tomaten aus der Dose
1 Esslöffel Zucker
italienische Kräuter (Oregano, Basilikum und Majoran)
Salz und Pfeffer
lecker: frisch geriebener Parmesan

1 Schneidebrett
1 kleines Messer
1 Topf
1 Dosenöffner
1 Kochlöffel

1. Schneide die Zwiebel in kleine Würfel (schau auf Seite 35 nach, wie's geht). Erhitze das Öl im Topf und brate die Zwiebelwürfel kurz darin an.

2. Öffne die Dose und gib die Tomaten in den Topf. Jetzt alles aufkochen – **Vorsicht, das blubbert immer ziemlich und spritzt in der Gegend herum, deswegen Deckel drauf!** – und mit dem Zucker, den Kräutern und Salz und Pfeffer ganz nach deinem Geschmack würzen. Zum Schluss noch etwas frisch geriebenen Parmesan über die Nudeln mit Tomatensauce geben.

Wann soll ich die Nudeln kochen? Die Nudeln erst kochen, wenn die Sauce fertig ist. Die Sauce wird, je länger sie kocht, immer besser, die Nudeln leider nicht!

Tomatensauce 2

Diese Sauce schmeckt sooo gut und passt nicht nur zu Nudeln, sondern auch zu Reis und Fleischklößchen.

Reicht für 1 Packung Nudeln = 2 kleine und 2 große Esser

2 Kleckse Butter
3 Esslöffel Mehl
1/2 Tube Tomatenmark
1 Glas Milch
1 Glas Gemüsebrühe
1 Esslöffel Zucker

wenn du willst:
ein paar frische Basilikumblätter
Salz und Pfeffer

1 Topf
1 Schneebesen

1. Die Butter im Topf schmelzen. Wenn sie anfängt, braun zu werden, rühre mit dem Schneebesen das Mehl ein. Das wird ein dicker Klumpen. **Immer weiterrühren, damit nichts anbrennt.**

2. Jetzt kommt das Tomatenmark dazu – immer kräftig weiterrühren. Damit es eine Sauce wird, kommen Milch und Brühe in den Topf.
Verrühre den dicken Mehlklumpen damit, bis die Sauce schön cremig ist. Mit Zucker, frischem Basilikum, Salz und Pfeffer würzen.

Warum denn Zucker in die Sauce?

Zucker muss in jede gute Tomatensauce und -suppe. Der Zucker nimmt den Tomaten die Säure und die Sauce schmeckt dadurch viel milder.

Spaghetti Bolognese

**Reicht für 1 Packung Nudeln
= 2 kleine und 2 große Esser**

1 Zwiebel • 2 Karotten
1 Stange Staudensellerie • 2 Esslöffel Rapsöl
300 Gramm gemischtes Hackfleisch • 2 Esslöffel Tomatenmark
500 Gramm Tomaten aus der Dose • 1 Esslöffel Zucker
Salz und Pfeffer • italienische Kräuter (Oregano, Basilikum und Majoran) • frisch geriebener Parmesan

1 Schneidebrett • 1 Gemüseschäler
1 Messer • 1 Topf
1 Kochlöffel • 1 Dosenöffner

1. Die Zwiebel, die Karotten und den Sellerie schälen und in kleine Würfel schneiden. Das Öl im Topf erhitzen und das Gemüse darin anbraten. Jetzt kommt das Hackfleisch dazu. Brate es von allen Seiten an, bis es ganz hell wird. Das Tomatenmark untermischen.

2. Gib die Tomaten aus der Dose dazu und verrühre alles gut. Mit Zucker, Salz, Pfeffer und so richtig vielen italienischen Kräutern kräftig würzen und alles lange kochen lassen. Je länger deine Bolognese kocht, desto besser wird sie. Noch etwas frisch geriebenen Parmesan darüber streuen, **und dein (mein) Lieblingsgericht ist fertig!**

Da freut sich Susanne, es ist ihr Lieblingsessen!

Nudeln – selbst gemacht

du brauchst pro Person:

100 Gramm Mehl
1 Ei • Salz

1 Waage • 1 Teelöffel
1 Schüssel

1. Siebe das Mehl in eine Schüssel und buddel ein Loch in die Mitte. Schlage das Ei in das Loch und gib 1 Prise Salz dazu.

2. Mit dem Löffel das Ei und das Mehl verkneten.

3. Wenn sich langsam eine Teigkugel bildet, mit den Fingerspitzen weiterkneten.

4. Den Teig auf der Arbeitsfläche kräftig durchkneten, bis er glatt und geschmeidig ist. Dann muss der Teig in Frischhaltefolie für 30 Minuten in den Kühlschrank.

5. Den Nudelteig mit der Nudelmaschine dünn ausrollen und in die gewünschte Form schneiden.

6. Wenn du keine Nudelmaschine hast, kannst du den Teig mit dem Nudelholz ausrollen – **dafür brauchst du allerdings ganz schön viel Kraft.**

Sprachkurs für kleine Italiener

Hallo! = Ciao!

Vanilleeis = gelato alla vaniglia

Ich möchte bitte einen Orangensaft bestellen. = Vorrei ordinare un'aranciata.

Ich heiße ... = Mi chiamo ...

Schokoladeneis = gelato al cioccolato

Ich bin 7 (8, 9, 10, 11, 12, 13) Jahre alt. = Ho sette (otto, nove, dieci, undici, dodici, tredici) anni.

Limonade = limonata

Nudeln

Hmmm … ich liebe Urlaub in Italien!
=
Hmmm … amo fare le vacanze in Italia!

Es hat sehr gut geschmeckt.
=
Era molto buona.

Wasser = acqua

gemischter Salat
=
insalata mista

Pizza mit allem
=
pizza con tutto

Spaghetti mit Tomatensauce
=
spaghetti al pomodoro

Vielen Dank und bis bald.
=
Mille grazie e a presto.

Schinkennudeln

**Für 2 kleine und
2 große Esser:**

1 Zwiebel
6 dicke Scheiben gekochter Schinken
1 Klecks Butter
1 Packung Nudeln
Salz und Pfeffer

1 Schneidebrett
1 Messer
1 großer Topf
1 Pfanne
1 Kochlöffel

1. Die Zwiebel schälen und in kleine Würfel schneiden. Den Schinken erst in lange Streifen, dann in Würfel schneiden. Lass die Butter in der Pfanne schmelzen und brate die Zwiebel- und Schinkenwürfel darin an.

2. Während der Schinken in der Pfanne brät, kannst du schon mal die Nudeln kochen und dann abgießen. Gib die gekochten Nudeln zum Schinken in die Pfanne und verrühre alles mit dem Kochlöffel. Salz und Pfeffer drüber und – **schwupsdiwups, sind die Schinkennudeln fertig.**

Probier mal!
Schinkennudeln mit Ei: Wenn du magst, schlage 2 Eier über die fertigen Schinkennudeln und brate in der Pfanne alles an, bis das Ei fest ist.

Lasagne

**Für 2 kleine und
2 große Esser:**

1 Portion
   Bolognese-
   Sauce von
   Seite 111
2 Kleckse Butter
2 Esslöffel Mehl
1/2 Liter Milch
Salz und Pfeffer
1 Packung
   Lasagneblätter
   (ohne Vorkochen)
1 Kugel Mozzarella

1 Schneidebrett
1 Gemüseschäler
1 großer Topf
1 Schneebesen
1 Auflaufform
1 Suppenkelle

1. Zuerst bereitest du die Hackfleischsauce zu. **Wie das geht, steht auf Seite 111.** So, und jetzt kommt die Béchamelsauce dran: Lass die Butter im Topf bei mittlerer Hitze schmelzen und rühre mit dem Schneebesen das Mehl ein, bis ein dicker Klumpen entsteht. Gieße die Milch dazu und rühre kräftig um, bis die Sauce cremig wird. Die Sauce etwas salzen und pfeffern und vom Herd nehmen.

2. Nimm die Auflaufform und verteile auf dem Boden etwas Béchamelsauce. Jetzt kommen immer abwechselnd Lasagneblätter, Hackfleischsauce und Béchamelsauce in die Form. Zum Schluss sind Hackfleischsauce und Béchamel dran.

3. Zupfe den Mozzarella in kleine Stücke und verteile die Stücke gleichmäßig auf der Lasagne. Die Lasagne kommt jetzt nur noch für 30 Minuten bei 180 Grad in den Ofen, bis sie oben knusprig braun ist.

Fleisch
ganz einfach

Die allerschnellsten und einfachsten Gerichte mit Fleisch gibt's hier. Und da das nicht nur was für Jungs ist, braten und brutzeln Lea und ihre Mädls die leckersten Hühnchen, Schweinchen & Co. – und Corvin und seine Freunde sind zum Schnitzelessen eingeladen.

Wiener Schnitzel

**Für 4 kleine Esser
= 8 kleine Schnitzel:**

4 dünne Kalbsschnitzel
4 Esslöffel Mehl
1 Ei
4 Hände voll Semmelbrösel
Salz und Pfeffer
2 Kleckse Butter
2 Esslöffel Rapsöl
1/2 Zitrone

1 Schneidebrett
1 scharfes Messer
Küchenpapier
1 Fleischklopfer
3 Teller
1 Gabel
1 Pfanne

1. Schneide die Schnitzel in der Mitte durch. Die Schnitzel waschen, mit Küchenpapier abtupfen und mit dem Fleischklopfer vorsichtig flach klopfen.

2. Auf die drei Teller kommen jetzt jeweils das Mehl, das Ei und die Semmelbrösel. Das Ei mit der Gabel verquirlen und mit Salz und Pfeffer würzen.
Die Schnitzel von beiden Seiten mit der Gabel erst in Mehl, dann in Ei und zum Schluss in den Semmelbröseln wenden.

3. Die Butter und das Öl in der Pfanne vorsichtig erhitzen und die Schnitzelchen darin in etwa 6-8 Minuten von beiden Seiten goldbraun braten.
Zum Schluss die frische Zitrone darüber pressen.

Fleischpflanzerl, Hackbällchen oder auch Buletten

Die schmecken warm, kalt ... ach, einfach immer!

Für 4 kleine Esser = 8 kleine Pflanzerl:

1 kleine Zwiebel
300 Gramm gemischtes Hackfleisch
100 Gramm Semmelbrösel
1 Ei
1 Klecks Tomatenmark
frische Petersilie, klein gezupft
Salz und Pfeffer
Rapsöl

1 Schneidebrett
1 Messer
1 Schüssel
1 Gabel
1 Teller
1 Pfanne
1 Pfannenwender

1. Schäle die Zwiebel und schneide sie in sehr kleine Würfel. Vermische die Zwiebeln, das Hackfleisch und die Semmelbrösel in der Schüssel. Jetzt schlage das Ei an der Schüssel auf und vermische es mit dem Hackfleisch.
Jetzt kommen noch das Tomatenmark, die Petersilie und etwas Salz und Pfeffer dazu. **Verknete den Teig mit der Gabel zu einem festen Teig.**

2. Wenn der Fleischteig gut zusammenhält, forme 8 kleine Pflanzerl daraus und lege sie auf einen Teller.
Das Öl in der Pfanne erhitzen und die Pflanzerl von beiden Seiten 5-10 Minuten brutzelbraun braten. Mit dem Pfannenwender immer wieder umdrehen.
Hole die Pflanzerl mit dem Pfannenwender aus der Pfanne und lass sie auf Küchenpapier etwas abtropfen.

Probier mal!

Der Kartoffelsalat von Seite 76 oder der Kartoffelbrei von Seite 72 schmecken am besten zu den Fleischpflanzerln.

1. Bereite die Tomatensauce von Seite 109 zu. Dann den Fleischteig von Seite 127.

2. Jetzt wird der Reis gekocht. Schau auf die Packung, wie lange er kochen muss. Meistens werden 2 Tassen Reis in 4 Tassen Wasser für 25 Minuten gekocht.
Rühre den Reis ab und zu um, damit er nicht am Topfboden anbrennt.

3. Während der Reis kocht, forme kleine Minifleischbällchen aus dem Fleischteig. Erhitze das Rapsöl in der Pfanne und brate die Fleischbällchen von allen Seiten etwa 5 Minuten knusprig braun an.
Die Fleischbällchen in die Tomatensauce geben und mit dem Reis zusammen auf Tellern anrichten.

**Für 2 kleine und
2 große Esser:**

1 Rezept Tomatensauce von Seite 109
1 Rezept Fleischpflanzerl-Teig von Seite 127

1/2 Packung Reis
1 großer Topf
1 Pfanne

Und das Gemüse lässt er wieder liegen ...

Kunterbunte Hühnchenschenkel

**Für 2 kleine und
2 große Esser:**

**Für die
Marinade:**
1 Becher
   Naturjoghurt
1 Esslöffel
   Tomatenmark
1 Esslöffel
   Akazienhonig
Currypulver
Salz und Pfeffer
6 Hähnchen-
   schenkel

Für drum herum:
8 kleine Kartoffeln
1 gelbe
   Paprikaschote
10 Kirschtomaten
Rapsöl

1 Schüssel
1 Schneidebrett
1 Messer
1 ofenfeste Form

1. Damit die Hähnchenschenkel richtig lecker schmecken, bereite eine Marinade aus Joghurt, Tomatenmark, Honig, Currypulver, Salz und Pfeffer zu. Die Hähnchenschenkel mit der Marinade einreiben und beiseite stellen.

2. Die Kartoffeln waschen. Die Paprika in Streifen schneiden und mit den Kartoffeln in eine ofenfeste Form geben. **Kleine Kirschtomaten oder dein Lieblingsgemüse kann ebenfalls mit in die Form.** Etwas Rapsöl und Salz über das Gemüse geben.

3. Die Hähnchenschenkel auf das Gemüse legen und alles im Ofen bei 200 Grad etwa 35 Minuten braten. Das Gemüse zwischendurch vorsichtig mit einem Holzlöffel wenden.

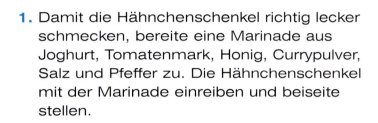

Probier mal!
Lecker schmeckt dazu ein frischer Gurkendip. Dafür eine halbe Gurke schälen und klein raspeln. Die Gurkenraspel in eine Schüssel geben, Naturjoghurt untermischen, salzen und pfeffern und zu den Hähnchenschenkeln essen.

»Wir haben Hunger, Hunger, Hunger, haben Hunger, Hunger, Hunger…!!!«

Lilly, Anna, Lea, Sophie und Lea:

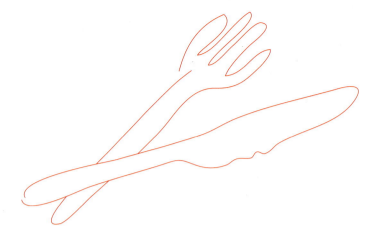

Putengeschnetzeltes mit Reis

**Für 2 kleine und
2 große Esser:**

1 Zwiebel
400 Gramm
    Putenbrust
Rapsöl
1 Becher Sahne
1 Becher
    Gemüsebrühe
Salz und Pfeffer
frische Petersilie,
    klein gezupft

1 Schneidebrett
1 Messer
Küchenpapier
1 Pfanne
1 Holzkochlöffel

1. Schäle die Zwiebel und schneide sie in kleine Würfel. Die Putenbrust waschen und mit Küchenpapier abtupfen. Das Fleisch erst in schmale Streifen, dann die Streifen in Würfel schneiden.

2. Erhitze das Öl in der Pfanne und brate die Zwiebel kurz an. Jetzt kommen die Fleischwürfel dazu. Alles kräftig von allen Seiten anbraten.
Wenn das Fleisch langsam Farbe bekommt, gieße die Sahne und die Brühe dazu.

3. Lass das Geschnetzelte etwa 10 Minuten bei mittlerer Hitze kochen. Zum Schluss alles mit Salz und Pfeffer und der frischen Petersilie würzen.
Mit Reis schmeckt's am besten!

Süßes

ohne können wir nicht leben!

Nach all dem gesunden Essen hast du dir jetzt was richtig Süßes verdient! All unsere Lieblingsleckereien finden gar keinen Platz mehr in diesem Buch. Deswegen gibt's hier die besten und schnellsten, die wirklich allen schmecken, in einem wirklich süßen Kapitel!

Erdbeermilch mit Butterbrot

Das ist das beste und schnellste Mittagessen
für heiße Sommertage.

Für 2 kleine Esser:

1 Schale frische
Erdbeeren
(da sind 250
Gramm drin)
1 Esslöffel
Vanillezucker
1 Liter kalte Milch
2 Scheiben Voll-
kornbrot mit
Butter drauf

1 Sieb
1 kleines Messer
1 Schneidebrett
1 Schüssel
1 Löffel

1. Wasche die Erdbeeren im Sieb unter kaltem Wasser und entferne mit dem Messer den grünen Stielansatz. Die Erdbeeren klein schneiden und in der Schüssel mit Vanillezucker bestreuen.

2. Die Milch auf die Erdbeeren gießen und die Erdbeermilch umrühren, **bis die Milch leicht rosa wird.**
Dazu gibt's eine dicke Scheibe Butterbrot.

Obstsalat

**Für 2 kleine und
2 große Esser:**

2 Äpfel
2 Bananen
2 Hände voll
  Weintrauben
1/2 Ananas
2 Orangen
1 Zitrone
2 Esslöffel
  Vanillezucker

**... oder so viel von
deinem Lieblingsobst,
wie du willst**

1 große Schüssel
1 kleines Messer
1 Schneidebrett
1 Zitronenpresse
1 großer Löffel

Alles waschen, schälen und klein schnippeln.
Die Zitrone über die Früchte pressen und **gut
umrühren.** Den Zucker untermischen.

Probier mal!
Joghurt mit Früchten:
Mische 2 Becher
Naturjoghurt und
1 Hand voll Nüsse
unter das Obst.
Fertig ist ein leckerer
Früchtejoghurt!

»Wow – mehr sag ich nicht!«

Sophie
12 Jahre

Apple Crumble … lecker, frisches Obst
mit Knusperstreuseln aus dem Ofen

(schmeckt auch gut mit Birnen oder Kirschen)

Für 2 kleine Esser:

2 Äpfel
3 Klekse Butter
10 Esslöffel Mehl
5 Esslöffel Zucker

1 Gemüseschäler
1 kleines Messer
1 Schneidebrett
1 Schüssel
2 kleine ofenfeste Förmchen

1. Schäle die Äpfel, entferne das Kerngehäuse und schneide die Äpfel in kleine Stücke. Die Apfelstücke in die Förmchen schichten.

2. Die Butter klitzeklein schneiden und **mit den Fingern in der Schüssel mit Mehl und Zucker zu Streuseln zerkrümeln.** Die Streusel auf den Äpfeln verteilen.

3. Den Apple Crumble im Backofen bei 160 Grad etwa 20 Minuten überbacken, bis die Streusel goldbraun sind.

Tipps und Tricks

Schokolade schmelzen – ganz schön flüssig

1. Stelle einen Topf mit wenig Wasser auf den Herd.

2. Gib die Schokolade in eine Aluschüssel und setze die Schüssel in den Topf.

3. Erhitze das Wasser auf der mittleren Stufe, die Schokolade schmilzt von ganz alleine. Zum Rausnehmen Handschuhe anziehen!

Sahne schlagen – ganz schön fest

1. Nimm eine hohe Rührschüssel, damit die Sahne beim Schlagen nicht in alle Richtungen spritzt.

2. Gib die Sahne und 1 Esslöffel Vanillezucker in die Schüssel.

3. Schlage mit dem Mixer die Sahne so lange, bis sie fest und cremig ist.

Vanille rauskratzen – ganz schön duftig

1. Mit einem kleinen Messer die Vanilleschote der Länge nach aufritzen.

2. Mit einem kleinen Löffel das Mark der Vanilleschote rauskratzen.

3. Das Mark unter Joghurt, Quark, Biskuitteig oder Sahne rühren – das schmeckt wunderbar vanillig!

Dekokram – ganz schön hübsch

1. Bunte Smarties oder Zuckerstreusel sehen auf jeder Leckerei hübsch aus.

2. Stäube etwas Puderzucker über deinen Nachtisch, das schmeckt lecker süß und sieht schön aus.

3. Träufle mit einem Löffel geschmolzene Schokolade über Pfannkuchen, Schokomousse oder frischen Obstsalat.

Schokomousse

**Für 2 kleine und
2 große Esser:**

250 Gramm Sahne
1 Päckchen
   Vanillezucker
250 Gramm
   Speisequark
5 Esslöffel Zucker
1 Tafel Zartbitter-
   schokolade

zum Verzieren:
bunte Zucker-
   streusel oder
   Krokant

1 hohe Rühr-
   schüssel
1 Rührgerät
1 Topf
1 Aluschüssel
1 Topflappen
4 Dessertschalen

1. Schlage die Sahne mit dem Vanillezucker in der Rührschüssel steif. Mische den Speisequark mit dem Zucker und verrühre ihn mit der Sahne.

2. Brich die Schokolade in Stücke und gib die Stücke in die Aluschüssel. Erhitze etwas Wasser im Topf und stelle die Schüssel mit der Schokolade ins Wasser. Wenn die Schokolade geschmolzen ist, nimm die Schüssel mit einem Topflappen aus dem Wasser.

3. Rühre die Schokolade mit dem Rührgerät auf niedrigster Stufe unter die Sahne-Quark-Mischung. Fülle die Mousse in die Dessertschalen und stelle sie für 2 Stunden in den Kühlschrank.

4. Vor dem Servieren kommen noch ein paar bunte Zuckerstreusel über die Mousse, **das sieht super aus und knackt bei jedem Löffel!**

Sag mal papp!

Erdbeertiramisu

**Für 2 kleine und
2 große Esser
(na ja, das reicht
auch für mehr):**

2 Gläser
   Orangensaft
400 Gramm Löffel-
   biskuit
500 Gramm frische
   Erdbeeren
250 Gramm
   Mascarpone
250 Gramm
   Speisequark
6 Esslöffel Zucker
1 Päckchen Vanille-
   zucker

1 flache Schüssel
1 Auflaufform
1 Sieb
1 Schneidebrett
1 kleines Messer
1 Rührschüssel
1 Mixer

1. Gieße den Orangensaft in die flache Schüssel. Schwenke die Löffelbiskuits kurz im Orangensaft und lege den Boden der Auflaufform mit dem getränkten Biskuit aus.

2. Wasche die Erdbeeren im Sieb unter kaltem Wasser und entferne den Stielansatz. Schneide sie in kleine Stücke und verteile die Hälfte auf dem Löffelbiskuitboden.

3. Verquirle in der Rührschüssel, den Mascarpone, den Quark, den Zucker und den Vanillezucker zu einer glatten Creme. Streiche die Creme auf die Erdbeeren.

4. Jetzt kommt die nächste Lage Löffelbiskuits dran, dann den Rest der Erdbeeren darauf verteilen und als letzte Schicht die restliche Creme verstreichen.

5. Stelle das Tiramisu für ein paar Stunden in den Kühlschrank, **dann zieht es schön durch und schmeckt einfach toll!**

Back doch mal diese leckeren Pfannkuchen für deine Freunde. Daniel macht sie immer, wenn er sich mit seinen Freunden Johanna und Rosa trifft. Und die freuen sich schon jedes Mal auf viele fluffige Beerenpfannkuchen.

1. Die Eier trennen. Mit dem Mixer das Eiweiß so lange schlagen, bis es weiß, schaumig und fest wird.
   Die Eigelbe mit dem Mehl und der Milch verquirlen, bis eine hellgelbe Masse entsteht. Das geschlagene Eiweiß mit einem Teigschaber vorsichtig unter die Eigelbmasse heben und leicht verrühren.

2. Die Beeren waschen (die großen Beeren klein schneiden) und unter den Teig rühren.

3. Die Butter in der Pfanne erhitzen. Mit einer Suppenkelle den Teig in die Pfanne gießen, je kleiner die Pfannkuchen, desto besser. Die Pfannkuchen ein paar Minuten lang backen, bis die untere Seite goldgelb ist. Mit dem Pfannenwender vorsichtig umdrehen und die andere Seite backen.

4. Die Pfannkuchen vorsichtig aus der Pfanne heben und mit Puderzucker bestäuben. Am besten schmecken die Pfannkuchen mit etwas Ahornsirup – **und das sieht auch noch toll aus! Mmmmmmm, lecker!**

Beerenpfannkuchen

Für 3 kleine Esser:

2 Eier • 100 g Mehl
100 ml Milch
1 Hand voll Beeren
1 Klecks Butter • Puderzucker
Ahornsirup

2 Schüsseln • 1 Mixer
1 Teigschaber
1 schwere, beschichtete Pfanne

Hier noch mal das Wichtigste auf einen Blick:

Alles, was du wissen musst

1. Kochen mit Fantasie: Probier einfach aus, was dir schmeckt, und kombiniere auch mal ein paar Zutaten, die nicht im Rezept stehen. Kann eigentlich nicht schief gehen.

2. Richtig einkaufen: frisches Obst und Gemüse beim Gemüsehändler oder Wochenmarkt, Fleisch beim Metzger oder Naturkostladen, den Rest im Supermarkt.

3. Was da alles drin ist? Viele Lebensmittel werden mit ungesunden Stoffen behandelt. In unsere Rezepte kommen deshalb so viele unbehandelte Lebensmittel wie möglich.

1. 0,1,2 oder 3? Auf jedem Ei steht ein Stempel. Die 0 vorne steht für Bio, 1 für Freiland-, 2 für Boden-, 3 für Käfighaltung. Kaufe am besten nur die mit einer 0 oder 1.

2. Frische Eier erkennen: Lege ein Ei in ein Glas Wasser. Wenn es auf den Boden sinkt, ist das Ei frisch. Schwimmt das Ei oben, nicht mehr verwenden.

3. S, M oder L? Kaufe immer große, frische Eier. Da hast du mehr davon.

Salat

1. Wie lange hält sich frischer Salat? Frischen Salat innerhalb weniger Tage zubereiten, er wird schnell welk.

2. Macht satt und ist gesund: Salat steckt voller Ballaststoffe, die quellen im Magen und machen deshalb lange satt.

3. Wenn er ein bisschen bitter schmeckt: Einfach etwas mehr Zucker oder süßen Senf in die Sauce mischen, dann schmeckt auch der Salat milder.

1. Nur im Winter? Ach was, Suppen schmecken auch toll im Sommer. Manche kannst du sogar kalt essen, mit einem Schuss Buttermilch oder Joghurt verfeinert.

2. Suppen helfen bei Erkältung und Magenverstimmungen – dann koch dir am besten eine kräftige Hühnerbrühe.

3. Kannst du einfrieren: Mach dir ruhig eine doppelte Portion Suppe, die Hälfte kannst du in einer Tupperschüssel einfrieren und im Topf wieder auftauen.

Kartoffeln

1. Mini, klein, mittelgroß und riesig: Kartoffeldrillinge sind die kleinsten und schmecken mit Schale lecker. Große Kartoffeln lieber für Püree oder Salat nehmen.

2. Bitte nicht roh! Kartoffeln bestehen aus Stärke, die kann aber nur in gekochtem Zustand vom Körper aufgenommen werden.

3. Mit grünen Stellen oder Trieb: nicht mehr verwenden, sie enthalten giftige Stoffe.

Gemüse

1. Wann es wächst: Jedes Gemüse hat seine Saison. Frag beim Gemüsehändler nach, ob dein Lieblingsgemüse gerade dran ist.

2. Waschen: Viele Gemüsesorten wachsen in der Erde und müssen deshalb vor der Zubereitung gründlich geputzt werden.

3. Braten, kochen, grillen: Gemüse ist sehr vielseitig und schmeckt gebraten, gekocht und gegrillt immer wieder anders.

Nudeln

1. Nudeln sind al dente, wenn du hineinbeißt und sie noch nicht ganz weich, aber auch gar nicht mehr hart sind.

2. Wenn sie verkleben: mit heißem Wasser übergießen und im Topf kräftig durchrütteln.

3. Gibt's auch aus Vollkorn: und die schmecken richtig gut – ruhig mal ausprobieren.

Fleisch

1. Bio ist besser! Denn da weißt du, dass die Tiere artgerecht gehalten werden und keine ungesunden Medikamente mitfuttern.

2. 1 x die Woche: Lieber nur 1 x die Woche Fleisch essen, dann aber gesundes Biofleisch. Ist zwar etwas teurer, aber doppelt so gesund und schmeckt viel besser.

3. Vegetarier: essen kein Fleisch und keine Wurst. Ab und zu ein gesundes Stück Fleisch ist aber gut, denn da steckt viel gesundes Eiweiß drin.

Süßes

1. Süßes macht glücklich! Das stimmt, deshalb darf`s auch ab und zu ein kleines bisschen sein.

2. Schokolade: Probier mal Schokolade, die einen Kakaoanteil von mindestens 70 Prozent hat. Da ist nämlich nur halb so viel Zucker drin.

3. Zucker und was es da noch so gibt: Probier mal braunen Zucker, Rohrzucker oder Birnendicksaft zum Süßen.

Register

A

Apple Crumble **145**

B

Beerenpfannkuchen **152**
Bratkartoffeln, knusprige,
    vom Blech **73**
Bruschetta mit Tomaten
    und Basilikum **88**
Buletten **127**
Bunte Gemüsespieße **91**
Bunter Salat **41**

E

Ei im Glas mit Käse und Tomate **17**
Erdbeermilch mit Butterbrot **139**
Erdbeertiramisu **151**

F

Feldsalat mit Orangendressing **47**
Fleischbällchen
    in Tomatensauce **128**
Fleischpflanzerl **127**
Frühstücks-Ei **17**

G

Gemüse, gefülltes **99**
Gemüsebrühe **54**
Gemüsekuchen, kleine,
    aus der Muffinform **100**
Gemüsespieße, bunte **91**
Grießnockerlsuppe **59**
Grüner Salat **33**
Gurkendip **131**
Gurkensalat **36**

H

Hackbällchen **127**
Hühnchenschenkel, kunterbunte **131**
Hühnersuppe **57**

J

Joghurt mit Früchten **140**
Joghurtsauce, süße **49**

K

Karotten-Apfel-Salat **44**
Kartoffelbrei **72**
Kartoffelpüree **72**
Kartoffelsalat **76, 77**
Käse-Speck-Omelett **27**
Ketchup, selbst gemachtes **82**
Kleine Gemüsekuchen
    aus der Muffinform **100**
Knusprige Bratkartoffeln
    vom Blech **73**

Kräuterquark **85**
Kräuterrührei **23**
Kunterbunte Hühnchen-
    schenkel **131**
Kürbispuffer **96**
Kürbissuppe **65**

L
Lasagne **118**

N
Nudeln, selbst gemachte **112**
Nudelsuppe **57**

O
Obstsalat **140**
Ofenkartoffeln mit Kräuterquark **85**

P
Pfannkuchen mit
    Lachs-Frischkäse **28**
Pfannkuchensuppe **58**
Pommes mit Ketchup **82**
Putengeschnetzeltes mit Reis **134**

R
Rührei **22**
Rührei mit Kräutern **23**

S
Salat **33, 36, 39, 41, 44, 47**
Schinkennudeln **117**
Schnitzel **124**
Schokomousse **148**
selbst gemachte Nudeln **112**
selbst gemachtes Ketchup **82**
Spaghetti Bolognese **110**
Spiegeleier **18**
Spiegeleier mit Dip **19**
Süße Joghurtsauce **49**

T
Tomatensalat **39**
Tomatensauce **106, 109**
Tomatensuppe
    mit Basilikumsahne **62**

V
Vinaigrette **48**

W
Wiener Schnitzel **124**

Die KinderKüche München
Sedanstraße 16
81667 München

Die KinderKüche Hamburg
Langenfelder Damm 14
20257 Hamburg

www.diekinderkueche.de

Susanne Klug *21.03.1975
Nach abgeschlossenem Studium der Ökotrophologie eröffnete sie 2004 die KinderKüche in München.
www.diekinderkueche.de

Anna Peisl *23.9.1963
Selbständige Fotografin und Diplompsychologin in München.
www.annape.de

Katja Muggli *22.07.1974
Nach abgeschlossenem Kommunikations-Design-Studium arbeitete sie in div. Werbe- und Designagenturen.
www.katjamuggli.de

Lebensmittel:
www.basicbio.de, www.basic-ag.de
Vielen Dank für die Bereitstellung der Lebensmittel!

Requisiten:
www.kahlaporzellan.com
www.kustermann.de · www.rice.dk

Kleidung:
www.crocs.com · www.kamik.com
www.marc-o-polo.de · www.mexx.de
www.replay.it · www.trag-werk.de

Vielen Dank an:
Stephan Höck, Digital Support
Katharina Godron, Foto-Assistenz

Umwelthinweis: Dieses Buch wurde auf chlorfrei gebleichtem Papier gedruckt. Die Einschrumpffolie (zum Schutz vor Verschmutzung) ist aus umweltfreundlicher und recyclingfähiger PE-Folie.

2. Auflage
© 2006 Wilhelm Goldmann Verlag, München,
in der Verlagsgruppe Random House GmbH
Gestaltung: Katja Muggli
Fotos: Anna Peisl
Ausstattung der Requisiten und Styling:
Bettina Runge, bettinarunge@gmx.de
Umschlaggestaltung: Katja Muggli
Umschlagfoto: Anna Peisl
CH · Herstellung: IH
Litho: Lorenz & Zeller, Inning a. A.
Druck und Bindung: Mohn Media GmbH, Gütersloh
Printed in Germany
ISBN 978-3-442-39102-8

www.mosaik-goldmann.de